essentials

Essentials liefern aktuelles Wissen in konzentrierter Form. Die Essenz dessen, worauf es als „State-of-the-Art" in der gegenwärtigen Fachdiskussion oder in der Praxis ankommt, komplett mit Zusammenfassung und aktuellen Literaturhinweisen. Essentials informieren schnell, unkompliziert und verständlich

- als Einführung in ein aktuelles Thema aus Ihrem Fachgebiet
- als Einstieg in ein für Sie noch unbekanntes Themenfeld
- als Einblick, um zum Thema mitreden zu können.

Die Bücher in elektronischer und gedruckter Form bringen das Expertenwissen von Springer-Fachautoren kompakt zur Darstellung. Sie sind besonders für die Nutzung als eBook auf Tablet-PCs, eBook-Readern und Smartphones geeignet.

Essentials: Wissensbausteine aus Wirtschaft und Gesellschaft, Medizin, Psychologie und Gesundheitsberufen, Technik und Naturwissenschaften. Von renommierten Autoren der Verlagsmarken Springer Gabler, Springer VS, Springer Medizin, Springer Spektrum, Springer Vieweg und Springer Psychologie.

Margot Böhm

Intuitiver Methoden-einsatz in Coaching-Prozessen

Grundlagen und Praxisbeispiele

 Springer

Margot Böhm
Solingen/Sylt
Deutschland

ISSN 2197-6708 ISSN 2197-6716 (electronic)
essentials
ISBN 978-3-658-12278-2 ISBN 978-3-658-12279-9 (eBook)
DOI 10.1007/978-3-658-12279-9

Die Deutsche Nationalbibliothek verzeichnet diese Publikation in der Deutschen Nationalbibliografie; detaillierte bibliografische Daten sind im Internet über http://dnb.d-nb.de abrufbar.

Springer
© Springer Fachmedien Wiesbaden 2016

Gedruckt auf säurefreiem und chlorfrei gebleichtem Papier

Springer Fachmedien Wiesbaden ist Teil der Fachverlagsgruppe Springer Science+Business Media
(www.springer.com)

Was Sie in diesem Essential finden können

- Dieses Buch zeigt, wie wir mit theoretischen Grundansätzen und Denkmodellen sowie mit Offenheit, Neugier, Liebe und Vertrauen in Zeiten zunehmender Komplexität und Unüberschaubarkeiten einzigartig passende Coachingprozesse gestalten können – mit Einzelnen, Teams und Organisationen.
- Dieses Essential bietet einen Überblick über Grundannahmen und Modelle, die ein freies, intuitives Coachen ermöglichen. Es bringt Beispiele für strukturorientierte Verfahren, die situativ geöffnet werden, sowie für offene, kreative Verfahren, die intermedial verbunden werden. Zudem bietet es Orientierungswissen bezüglich der Voraussetzungen auf Seiten der Coaches und der Coachees und gibt Hinweise und Tipps für Training und Anwendung theoriebasiert-intuitiven Coachings. Das Buch liefert auf diese Weise Erklärbarkeit für intuitives Tun im Coaching.

Inhaltsverzeichnis

Mehr als nur Denkmodelle 1

In diesem Kapitel erläutere ich Prinzipien, die einem Coachingprozess zugrunde liegen. Hier geht es darum, inwiefern Coaching Lernen ist (1.1.), und es erläutert die Grundprinzipien von Coachinginterventionen (1.2.).

1.1 Coachingprozesse sind Lernprozesse

Folgende Grundgedanken gehen wesentlich auf das zurück, was ich von Hilarion G. Petzold und Ilse Orth gelernt habe. Den Überlegungen und Interventionen im Coaching liegt das Wissen zugrunde, dass wir Menschen **von Geburt an bis zum Tode lernfähig** und im Stande sind, die Dinge immer wieder neu zu sehen. Wir bevorzugen zwar gewohnheitsmäßig bestimmte Denk-, Fühl-, Wollens- und Verhaltensmuster, können diese jedoch variieren und verändern, wenn es uns nützlich erscheint. Wir lernen, wenn wir irritiert sind, wenn uns etwas interessiert, wenn wir neugierig sind. **Wir lernen, wenn etwas für uns selbst eine Bedeutung hat.** Coaching, das auf einer freiwilligen Vereinbarung basiert, bietet daher ideale Voraussetzungen für wirksames Lernen: Menschen kommen mit einem Anliegen, einer Frage, eigenen Zielen und wollen etwas verändern. Bedeutsamkeit ist also per se gegeben – anders als in „verordneten" Trainings oder obligatorischen schulischen Veranstaltungen.

Unser Leben vollzieht sich im Laufe unserer Lebensgeschichte **in verschiedenen Kontexten**, die immer parallel vorhanden sind, jedoch jeweils unterschiedlich wichtig sind. Über unseren ersten Kontext (meist die Herkunftsfamilie) vermittelt sich uns z. B. der Kontext Gesellschaft, indem sich uns im Denken, Fühlen und Handeln unserer Eltern auch deren Gesellschaftsbild sowie der Einfluss gesellschaftlicher Faktoren auf unsere Eltern vermittelt. Später kommen weitere Kontexte dazu, wir wechseln zwischen ihnen hin und her, manche lassen wir äußerlich gesehen hinter uns, in unserem Inneren bleiben sie jedoch präsent.

© Springer Fachmedien Wiesbaden 2016
M. Böhm, *Intuitiver Methodeneinsatz in Coaching-Prozessen*, essentials,
DOI 10.1007/978-3-658-12279-9_1

Zum Coaching in Kontexten von Organisationen gehört die Betrachtung des Organisationsumfeldes in jedem Fall dazu. Andernfalls laufen Coaches (besonders bei Konflikten) Gefahr, in der Organisation verankerte Knackpunkte zu personalisieren. Dann arbeiten wir als Coaches am Thema vorbei.

Ich gehe – wie andere Coaches in der Tradition des sozialen Konstruktivismus – davon aus, dass es weder „die Wahrheit" noch „die Wirklichkeit", weder richtig noch falsch, weder gut oder schlecht an sich gibt, sondern dass solche Kategorien **sozial bzw. intersubjektiv konstruiert werden**. Was für einen Coachee wahr, wirklich und richtig ist, entscheidet er selbst.

Als **systemisch** denkende Coach geht mein Denken über linear-kausale Zusammenhänge hinaus. Ich begreife Realität als ein vernetztes System verschiedener Wechselwirkungen und gehe davon aus, dass sich lebendige Systeme (Organisationen, Teams, Menschen, Zellen …) nicht steuern, sondern allenfalls irritieren oder verstören und – wenn es gut läuft – unterstützen lassen. Wir wissen als Coaches nicht „die Lösung" in einem Coachingprozess, sondern vertrauen darauf, dass der Coachee bzw. das Kundensystem sie in sich trägt bzw. dazu in der Lage ist, sie für sich zu finden. Alles, was er braucht, findet er in seinem „informierten Leib" (siehe unten), unterwegs und in seiner Umgebung.

Von klein auf erleben und erlernen wir die Denkmuster und Fühlweisen anderer (kollektive Kognitionen und Emotionen) sowie das, was „man" so will und tut (kollektive Volitionen und Aktionen). In Auseinandersetzung mit diesen entstehen unsere eigenen, individuellen Kognitionen, Emotionen, Volitionen und Aktionen, die wiederum auf unsere Umgebungen zurückwirken und so mit diesen in Wechselwirkung stehen. Lernen in Coachingprozessen findet in diesen vier Dimensionen statt, und zwar immer in und bezogen auf jeweilige Kontexte. Am Ende sind sich optimaler Weise – unter Berücksichtigung der Umgebung – „Kopf" und „Bauch" einig, man weiß was man will und packt das auch an. Bleibt eine der Dimensionen unberücksichtigt, kann die Nachhaltigkeit des Coachings in Frage stehen. Nachhaltig wirksames Coaching berücksichtigt die **Mehrdimensionalität menschlichen Lernens.**

Betrachten wir zum Beispiel die Entwicklung von Zielen. Ein Ziel auf der kognitiven Ebene gut und positiv zu formulieren – beginnend mit „Ich", gefolgt von einem Prädikat in der Gegenwartsform, einem „Wie", einem „Was" (ohne Komparativ) und einem „(bis) wann" – ist schon hilfreich, reicht aber nicht für eine nachhaltige Wirkung. Es muss auch auf der emotionalen, der volitiven und der handlungsorientierten Ebene stimmen: Ich spüre, dass das für mich stimmt, ich kann mir „leibhaftig" und mit möglichst vielen Sinnen vorstellen, wie es sein wird, wenn ich es erreicht habe, es ist tatsächlich MEIN Ziel (und nicht das einer anderen Person oder Personengruppe), ich halte es für realisierbar, es ist kontextkompatibel und ich weiß, wie ich es erreichen kann. Wenn alle Dimensionen bedient werden, werde ich aktiv.

Alles was wir erleben, erleben wir mit den uns zur Verfügung stehenden **Sinnen**. Den einen oder anderen bevorzugen wir zwar, aber die anderen sind mit von der Partie. Wir sehen, hören, fühlen auf der Haut, wir riechen und wir schmecken. Je mehr Sinne wir bewusst beteiligen, desto intensiver erleben wir. Das gilt auch für Erlebnisse, die wir uns nur vorstellen. Je entspannter wir dabei sind, umso nachhaltiger ist die Wirkung. Wir alle speichern in unseren Körperzellen Erlebnisse, Erkenntnisse, Erfahrungen (Leibgedächtnis). Dieses Wissen können wir mit nicht-sprachlichen Mitteln (kreativen, analogen Methoden) „anzapfen" und auf diese Weise auch dem Bewusstsein zugänglich machen. Wir sind ein **„informierter Leib"** (siehe Abb. 1.1)

Das hilft uns dabei, Gefühle anderer mitzuempfinden, Atmosphären „eigenleiblich" zu spüren und körperlich zu ahnen, was jemand fühlt oder brauchen könnte. Wenn ich aufmerksam bin, löst ein Ereignis im Außen eine Reaktion, eine **Re-Sonanz** (ein „Zurückklingen") in mir aus – auf der gedanklichen, emotionalen, der Wollens- und/oder der Handlungsebene. Im Coaching unterscheide ich zwischen einer „Betroffenheitsresonanz" (die mich zu Gefühlen und Gedanken über mich selber führt), einer „kollegialen/freundschaftlichen Resonanz" („Kenn ich auch und ich habe das so und so gelöst") und einer „professionellen Resonanz" (die das verfolgt, was mein Gegenüber und den Coachingprozess voranbringt).

Intuition verstehe ich als **einverleibtes Wissen** – ich gehe davon aus, dass Intuition nicht „vom Himmel fällt" sondern durch (reflektierte) Erfahrungen, Erlebnisse, Wissen geprägt und in konkreten Situationen aktualisiert wird. Wir erschließen uns und begreifen Phänomene und Muster, Zusammenhänge und subjektive

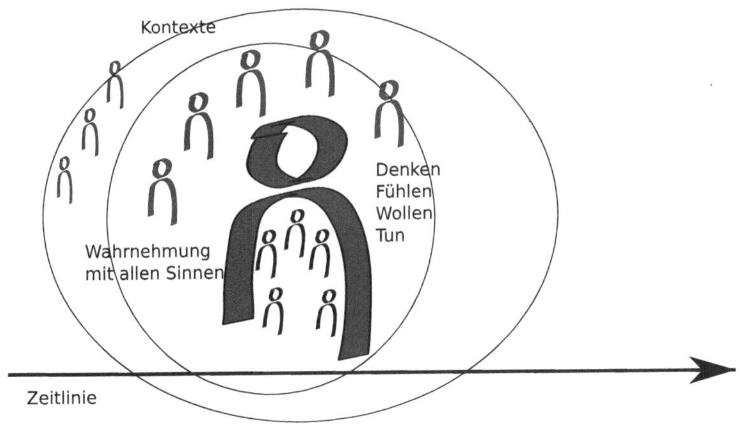

Abb. 1.1 Der *„informierte Leib"*

Stimmigkeiten „leiblich" mit allen unseren Wahrnehmungskanälen und Verarbeitungsmöglichkeiten, bringen Informationen zusammen und ziehen Schlussfolgerungen.

1.2   Grundlegendes für Coachinginterventionen

Wesentliches Kennzeichen von Coaching ist die **grundsätzliche Zielbezogenheit.** Im Coaching geht es (in der Regel) um Lösungen, um Zielfindung bzw. Zielerreichung. Was das genau im Einzelfall bedeutet, wird zu Beginn des Coachingprozesses und zu Beginn jeder Coachingstunde kontraktiert. Diese Ziele können sich auf verschiedenen Dimensionen befinden: der des Denkens, des Fühlens, des Wollen und des Tuns. Wir setzen mit unserer Arbeit da an, wo das Ziel formuliert wird. Langfristig geht es in der Regel darum, alle Dimensionen zu integrieren – zumindest behalten wir das im Auge und bieten es an, um Nachhaltigkeit zu ermöglichen. Eine Coachingstunde kann jedoch durchaus mit einer Erkenntnis auf nur einer Ebene enden, wenn es das ist, was vom Coachee gewollt und derzeit möglich ist. Eine Lösung ist das, was löst. Manchmal ist die Lösung ein inneres „Loslassen" und die Entscheidung dafür, eben gerade nichts zu tun. Und manchmal entsteht als notwendiger Zwischenschritt auch erst mal spürbare Verwirrung, wenn Altes nicht mehr greift und Neues noch nicht da ist.

Allem Tun liegen **Werte** zugrunde, die sich maßgeblich auf Coachingprozesse auswirken. Sie beeinflussen die Hypothesenbildung des Coaches und seine Entscheidungen für diese oder jene Intervention – bewusst und unbewusst. Das bei Bedarf zu kommunizieren ist entscheidend für Transparenz im Coaching. Für den Erfolg von Coachingprozessen förderliche Werte sind aus meiner Sicht spürbare Wertschätzung, Win-Win-Orientierung, Effizienz, Nachhaltigkeit sowie Zuversicht und Vertrauen in den Coachee und in den Prozess. Gelebte Wertschätzung zeigt sich darin, dass wir das **Da-Sein eines Menschen unabhängig von seinem Tun** bejahen, schätzen und bestätigen. Für mich ist gesetzt, dass jeder Mensch wertvoll ist, unabhängig von dem, was er leistet. Das ist aus meiner Sicht und Erfahrung eine unabdingbare Voraussetzung für nachhaltige Coachingprozesse, die sich dann auch in Denk-, Fühl-, Wollens- und meist auch Handlungseffekten niederschlagen. Unternehmenszielen scheint das auf den ersten Blick entgegenzulaufen. Auf den zweiten Blick jedoch zeigt sich, dass der Mensch sein volles Potenzial dauerhaft nur im Zustand der Freiwilligkeit und in einem Gefühl des grundlegenden Akzeptiertseins aktualisiert.

Jede Äußerung eines Menschen wirkt auf den/die Andere_n auf eine nicht vorhersehbare Weise. Jeder Blick, jede Geste, jede Körperhaltung, jedes Tun, jede

Stimmlage, jeder Sprachgebrauch. Jedes Wort, das ich benutze und jeder Satz, den ich konstruiere, hat eine bestimmte Wirkung auf mein Gegenüber. Viele Menschen reagieren z. B. auf das Wort „Problem" mit anderen Gefühlen als auf das Wort „Lösung", auf „Sonne" anders als auf „Frost", auf „falsch" anders als auf „dysfunktional" und auf „blödsinnig" anders als auf „ungünstig in Bezug auf die Ziele". Ich bilde mit meiner Wortwahl meine Wirklichkeit, meine Werte, meine Denkmuster ab und triggere im Gegenüber eine ihm eigene Wahrnehmung und Deutung an. So beeinflusse ich unter Umständen das Ergebnis des Coachingprozesses – unabhängig davon, ob ich das will oder nicht.

Die **Leitfrage** jeder Coachingarbeit mit Einzelnen, Teams, Gruppen und Organisationen lautet: **Was bedeutet dieses Phänomen für diese Person in diesem Augenblick?** (sozialkonstruktivistisch-phänomenologische Hermeneutik). Phänomene sind alles, was wahrnehmbar ist: Ein Gedanke, ein Gefühl, ein Wort, eine Gefühlsäußerung, ein Bild, Strukturen, Prozesse, Kulturen – alles. Diese Phänomene tragen ihre Bedeutung nicht in sich, sondern erlangen sie nur in der Wahrnehmung und Deutung einer Person. Auch in Teams und Organisationen ist die Wahrnehmung der Einzelnen der Ausgangspunkt für eine gemeinsame Konstruktion von Wirklichkeit, die im Dialog entsteht.

Coaching findet statt in Zeit und Raum. Zeit hat dabei fürs Coaching eine Bedeutung als Zeitpunkt und als Zeitraum. Es kann ein „Zu früh" und ein „Zu spät" geben – und einen **günstigen Zeitpunkt**: den Kairos (griechische Mythologie), der vorbeischwebt und den man bei seinem langen Schopf packen kann, bevor er vorbei ist. Das gilt für unsere Kund_innen in der Bearbeitung von Themen und das Treffen von Entscheidungen und für uns als Coaches mit unseren Interventionen. Das gilt aber auch für die Wahl des Zeitpunktes einer Coachingsitzung: wenn die Coachee im Anschluss Zeit hat zum Nachwirkenlasssen und zum Nacharbeiten, hat sie meist mehr von ihrem Coachingtermin als wenn sie anschließend wieder zur Arbeit geht.

Zeit als **Zeitraum** ist eine wesentliche Ressource in Entwicklungsprozessen. Körper, Seele und Geist brauchen ihre Zeit, um Erkenntnisse und Erlebnisse zu verarbeiten, zu festigen, zu verknüpfen, Neues entstehen zu lassen. In Teams, Organisationen und Gruppen wird über Erarbeitetes gesprochen, ausprobiert, ergänzt, variiert. Zwischen den Coachingterminen passiert die eigentliche Arbeit, die Nachhaltigkeit ermöglicht. Entwicklung lässt sich nicht beliebig beschleunigen, denn „das Gras wächst nicht schneller, wenn man daran zieht".

Auch der Ort, an dem Coaching stattfindet, hat einen Einfluss auf den Prozess. Beleuchtung, Temperatur, Atmosphäre und Lage wirken mit.

Ausgesprochen hilfreich kann es sein, den **Raum** ins Coaching einzubeziehen. Themen, Zeitpunkte, Zeiträume, bestimmte Gefühlen, Sichtweisen, Personen

u. a. können im Raum einen Platz zugewiesen werden (z. B. durch Symbole, Teppichfliesen oder Moderationskarten). Schon allein das Aufstehen vom Stuhl und der **Wechsel der Perspektive** verändert das Energielevel positiv – für beide, für Coach und Coachee. Günstig ist es im weiteren Verlauf des Coachingprozesses, die einmal getroffenen Zuordnungen beizubehalten (z. B. Zukünftiges im vorab festgelegten Ort der Zukunft zu verorten, Gegenwärtiges in dem Ort für die Gegenwart zu belassen und Vergangenes in dem für die Vergangenheit). Immer, wenn der Zeitpunkt, das Thema bzw. das entsprechende Gefühl verlassen wird, sollte dann der oder die Coachee auch den Platz wechseln. Auf diese Weise kann leicht eine **Metaposition** aufgebaut werden: der oder die Coachee kann sich das Ganze immer wieder von außen anschauen und dann auch wieder eintauchen in einzelne Positionen (dissoziieren und assoziieren).

Oftmals tauchen im Coaching Dinge auf, die aus Sicht des Coachees eine Rolle spielen, die dieser aber nicht kennt, nicht benennen kann: Irgendetwas brauche ich. Irgendetwas sollte ich loslassen. Irgendetwas will ich. Irgendetwas fehlt. Statt lange zu suchen, was das sein könnte, arbeiten wir einfach mit einem Symbol, das für das **Unbekannte** steht. „Such Dir einen Gegenstand für das, was Du noch brauchst." Und schon geht es weiter im Prozess ohne weiteres Grübeln. Wir gehen davon aus, dass unser „informierte Leib" ausreichend Wissen und Erkenntnisse zur Verfügung stellt, um uns unsere Herausforderungen meistern zu lassen. Nachdenken allein liefert dieses Wissen nicht. Dieses Wissen triggern wir an, indem wir Methoden zur Verfügung stellen, die dieses Wissen zugänglich und fluide machen. Über kreative Methoden bringen wir das, was wir wissen, aber nicht benennen können, nach außen, denn: „Draußen ist mehr Platz als drinnen" (P. v. d. Vegte).

Indem wir ein Thema in einem Prozess mit unterschiedlichen Methoden **(intermedialen Quergängen)** hintereinander bearbeiten, entsteht ein mehrdimensionaler Prozess mit zunehmender Dichte und/oder Tiefe und/oder einer relevanten „Aufmerksamkeitsfokussierung" (Gunther Schmidt). Beim Thema „Zieleruierung" kann ich beispielsweise über eine Entspannungsübung in eine Imagination übergehen, die den Coachee in einer Zeitmaschine in eine attraktive Situation in seiner Zukunft „bringt". Im Anschluss kann er aus dem Erleben heraus ein Bild malen, es betiteln und dazu einen Text schreiben. Über eine Gesprächsphase kann er dann smarte Ziele formulieren (s. o.) und daraus Strategien skizzieren. Alternative Medien sind Postkartenbilder, Seile, Skulpturenarbeit und vieles andere mehr. Wichtig für einen intermedialen Quergang ist die Berücksichtigung von Denken, Fühlen, Wollen und Handeln. So werden z. B. Visionen geprüft, geerdet und umsetzbar gemacht.

Ausgewählte Strukturmodelle für die Bearbeitung von Coachingthemen

Nachfolgend beschriebene Modelle können dazu beitragen, Fragestellungen des Coachees hypothesengeleitet in einen relevanten Zusammenhang zu stellen, Engpässe und Ressourcen zu eruieren und das Anliegen auf diese Weise lösungsorientiert zu bearbeiten. Das kann mit verschiedenen kreativen Methoden geschehen, die die Mehrdimensionalität des Menschen berücksichtigen, sein Eingebundensein in seine Kontexte und sein Unterwegssein auf seiner Lebenslinie.

2.1 Die logischen Ebenen

Die logischen Ebenen aus dem NLP (Neurolinguistisches Programmieren) sind hierarchisch gegliederte Ebenen des Denkens und Fühlens, die sich wechselseitig beeinflussen (siehe Abb. 2.1).

Jede Ebene organisiert die Inhalte der darüber liegenden Ebene, selektiert sie und stellt Wesentliches heraus. Veränderte Wahrnehmungen auf einer tieferen Ebene haben veränderte Wahrnehmungen auf den darüber liegenden Ebenen zur Folge. Durch das schrittweise Wechseln von der Ebene, auf der das Anliegen formuliert wurde, auf die jeweils nächsttiefere werden Zusammenhänge bewusst und Veränderungen erleichtert. Bisher nicht wahrgenommene Ressourcen werden aktiviert und die Veränderung in den darüber liegenden Ebenen erleichtert.

Der Begriff der logischen Ebenen wurde Mitte der 80er Jahre des letzten Jahrhunderts (mit Rückgriff auf G. Bateson und B. Russell) von Robert Dilts geprägt. Bei Dilts handelte es sich zunächst um fünf Ebenen: 1. die Umwelt 2. das Verhalten 3. die Fähigkeiten, 4. die Überzeugungen und 5. die Identität. Später kam die Spi-

---

Die Original-Version dieses Kapitels wurde korrigiert. Ein Erratum finden Sie unter 10.1007/978-3-658-12279-9_8

© Springer Fachmedien Wiesbaden 2016
M. Böhm, *Intuitiver Methodeneinsatz in Coaching-Prozessen*, essentials,
DOI 10.1007/978-3-658-12279-9_2

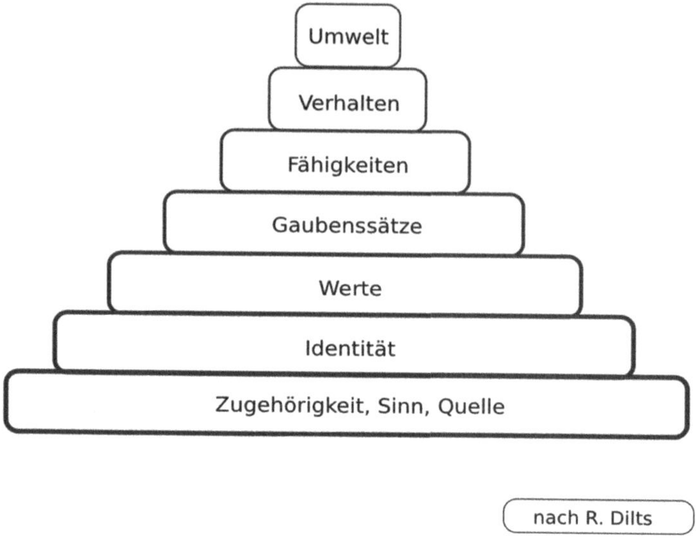

Abb. 2.1 Die logischen Ebenen

ritualität hinzu. Je nach Autor unterscheidet man heute 6 bis 10 Ebenen. Auch wird das, was „oben" und was „unten" ist, unterschiedlich dargestellt.

Ich arbeite mit 7 Ebenen: Umwelt – Verhalten – Fähigkeiten – Glaubenssätze – Werte – Zugehörigkeit/Quelle/Sinn, wobei ich die letztere als die tiefste Ebene bezeichne und die erste (Umwelt) als die höchste.

Umwelt (Kontext) Jedes Ereignis findet in einer bestimmten Umwelt statt und zu einer bestimmten Zeit. Die Ebene der Umwelt enthält alle äußeren Bedingungen, die auf eine Person einwirken und auf die sie einwirkt.

Verhalten Die Ebene des Verhaltens bezieht sich auf alle Aktionen und Reaktionen einer Person, die von außen wahrnehmbar sind.

Fähigkeiten, Strategien Unter Fähigkeiten verstehen NLPler ein spezifisches *inneres Verhalten* (Ralf Stumpf), welches ein spezifisches äußeres, beobachtbares Verhalten ermöglicht. Fähigkeiten sind also kognitive (Denken) und emotionale Prozesse (Fühlen), die eine Person durchläuft, damit ein bestimmtes Verhalten möglich wird. In der praktischen Arbeit verwende ich den Begriff umgangssprachlich und erlebe bereits hier die ersten Aha-Erlebnisse, weil über die positive Rahmung eines meist ungeliebten Verhaltens ein Reframing erlebt wird.

Glaubenssätze Unserem Verhalten und dem Einsatz unserer Fähigkeiten liegen Annahmen zugrunde, die wir über die Dinge und ihre Zusammenhänge haben. Manche dieser Überzeugungen sind uns bewusst, andere nicht und alle sind in unterschiedlichen Zeiträumen im Laufe unserer Lebensgeschichte entstanden. Wir setzen unsere Fähigkeiten nur dann ein, wenn unsere Werte und Glaubenssätze den Einsatz dieser Fähigkeiten ermöglichen. Sie sind Interpretationen und Verallgemeinerungen aus früheren Erfahrungen und Annahmen darüber, warum etwas so ist und nicht anders. Das Ineinander-Verwobensein von Kognitionen, Emotionen und Volitionen (s. o.) macht ihre Stabilität aus. Glaubenssätze bestimmen, was wir uns erlauben zu denken und wahrzunehmen und was wir für möglich halten. Glaubenssätze können uns in unseren Vorhaben unterstützen („Das schaff ich schon!") oder behindern („Das schaff ich sowieso nicht.").

Werte Werte bestimmen die Richtung unseres Denkens und unserer Wahr-Nehmung (eigentlich Wahr-Gebung). Unsere Werte beeinflussen unsere Glaubenssätze.

Stehen Werte miteinander in Konflikt, werden Entscheidungen erschwert.

Identität Identität wird hier gedacht als Selbst-Bild, als unsere Vorstellung von uns selbst als ganze Person mit unserem Verhalten, unseren Fähigkeiten, unseren Werten und Umweltbezügen.

Identität kann zum einen als zentraler Glaubenssatz gedacht werden, den wir auf uns selbst beziehen und zum anderen auf konkrete Situationen bezogen sein, die mit dem jeweiligen Verhalten beschrieben werden.

Zugehörigkeit, Sinn, Quelle Die tiefste Ebene ist die der Verbundenheit, Zugehörigkeit, der Spiritualität, Gott, der Quelle oder wie auch immer die einzelne Person das für sich benennen würde. Sie ist eine „überindividuelle Ebene". Sie beinhaltet die Vorstellungen von Menschen über etwas, das über sie und ihre Individualität hinausgeht. Es geht hier um die Zugehörigkeit zu etwas Größerem oder Höherem. Menschen, die ihre Aufmerksamkeit auf die Inhalte dieser Ebene richten, fühlen sich anderen Menschen, der Menschheit insgesamt, der Natur, dem Leben, einer umfassenden Idee oder dem Göttlichen verbunden. Hier finden wir umfassende Visionen, den Sinn des Lebens, Lebensaufgaben, eine Mission, das Erleben der Quelle. Diese Ebene ist die machtvollste aller Ebenen. Sie gibt den Menschen Sicherheit, Sinn, Verbundenheit und „Rückenwind".

Das Modell der logischen Ebenen ist ausgesprochen hilfreich, wenn sich die Coachee mit ihrem Denken und Fühlen im Kreis dreht oder der Prozess stockt. In

der Arbeit auf den unteren Ebenen kann nachhaltige Veränderungsarbeit geschehen, das Konkrete wird durch ein starkes Erleben des Wesentlichen neu beleuchtet.

2.2 Die fünf Säulen der Identität

Das Konzept von H. Petzold unterscheidet fünf Säulen der Identität, die gleichge-
wichtig nebeneinander stehen und sich wechselseitig beeinflussen (siehe Abb. 2.2).

Sozialer Kontext Hier geht es um alle Menschen/Lebewesen, die für die Person
eine Bedeutung haben. Familie, Freund_inne_n, Nachbarschaft, aber auch Kol-
leg_innen, Kontakte in sozialen Netzwerken oder Haustiere. Aktuelle genauso wie
die, die einmal lebensgeschichtlich eine Rolle gespielt haben.

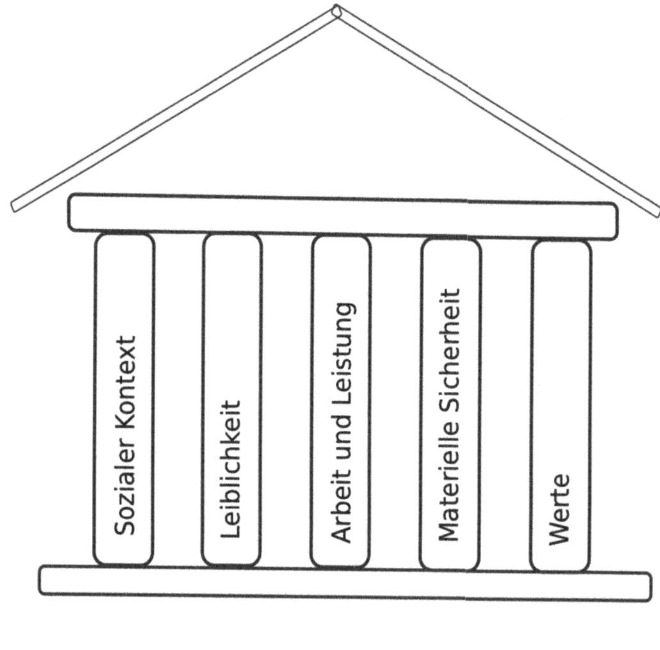

Abb. 2.2 Die fünf Säulen der Identität

Leiblichkeit Nach Petzold ist der Leib mehr als der Körper, er wird ganzheitlich verstanden als Körper-Seele-Geist-Zusammenhang mit allen seinen Möglichkeiten eingebunden in die verschiedenen Kontexte, in denen sich der Mensch bewegt – vom engsten Familien- oder Freundeskreis hin zu globalen und kosmischen Zusammenhängen.

Arbeit und Leistung Arbeit und Leistung wird hier nicht allein auf Erwerbsarbeit hin gedacht, sondern kann auch Familienarbeit und Pflege umfassen, Ehrenamt und bürgerschaftliches Engagement, Leistungen in Schule, Beruf oder Hobby.

Materielle Sicherheit Davon getrennt betrachtet wird die Säule der materiellen Sicherheit, weil diese nicht unbedingt durch Arbeit und Leistung entsteht. In ehrenamtlicher oder in der Familie geleistete Arbeit wird kein Geld erwirtschaftet, durch Erbe oder Zinserträge dagegen kann Materielles auch ohne eigene Arbeit zustande kommen.

Werte Auch in diesem Modell spielen Werte eine hervorgehobene Rolle als eine Säule unserer Identität. Je nachdem welche Werte wir priorisieren, wird sich das unterschiedlich auf die Ausgestaltung der anderen Säulen auswirken.

Dieses Modell ist besonders wertvoll bei der Bearbeitung von Themen rund um neue (berufliche) Orientierung, bei Einbezug gesundheitlicher Fragestellungen und zur Entwicklung von Life Balance. Wenn Menschen ihre Säulen frei künstlerisch gestalten (als Bild, mit Materialien oder mit Symbolen), sehen diese in der Regel völlig anders aus als in der Skizze oben. Sie werden zu Ästen eines Baumes, zu Bändern, zu Symbolen, meist sind sie unterschiedlich geformt und in unterschiedlichen Farben dargestellt.

2.3   Denken in Anteilen

Ich gehe davon aus, dass wir bezüglich der unterschiedlichen Themen und Fragen unseres Lebens unterschiedliche „Anteile" in uns haben. Nicht der ganze Mensch an sich „ist unsicher", sondern „ein Teil" des Menschen in einer bestimmten Situation fühlt sich unsicher. Eine solche Sichtweise entdramatisiert sofort. Andere Anteile können gleichzeitig neugierig, souverän oder gelassen sein und somit Ressourcen zur Verfügung stellen (siehe Abb. 2.3). Die gute Absicht und die Ziele aller beteiligten Anteile zu würdigen und sie über ihre vielleicht unterschiedlichen

Abb. 2.3 Denken in Anteilen: die eigenen Anteile moderieren

Strategien miteinander ins Gespräch zu bringen, ist dabei Aufgabe des Coachee in seiner Rolle als Moderator seiner inneren Anteile bzw. seines „inneren Teams" (F. Schultz-von-Thun).

Hilfreich insbesondere in für den Coachee heiklen Situationen ist es, eine sogenannte **Metaposition** einzuführen (siehe Abb. 2.4). Dabei hilft das Konstrukt von „älteren" und „jüngeren" Anteilen. So kann der Coachee sich den Teil in seiner Person, der ein Problem hat oder etwas lösen möchte, von außen mit Abstand anschauen, ihm Verständnis entgegen bringen, vielleicht gedanklich „in den Arm nehmen" und ihn beraten wie ein Älterer einen Jüngeren berät.

Versuchsweise können wir allem, was scheinbar eine Zielerreichung verhindert (nicht nur inneren Anteilen, sondern auch beispielsweise personifizierten Glaubenssätzen und äußeren Hindernissen), einen positiven Beitrag zur Zielerreichung unterstellen. Das Charmante daran: en passent erfolgt ein „Reframing", das Ganze wird paradox, neue Chancen können in den Blick genommen werden. Das dient beispielsweise der Entdramatisierung von als problematisch erlebten Situationen, der Auflösung der Identifikation eines Coachees mit einem zunächst unerwünschten Anteil, der Entscheidungsfindung und der Nutzung vorhandener Ressourcen.

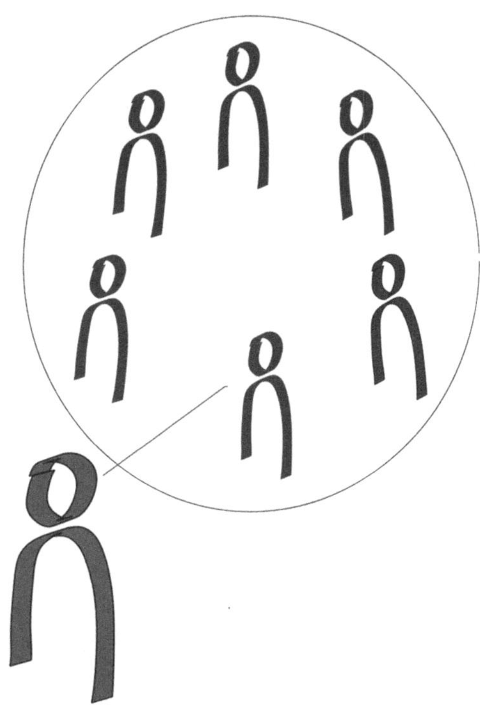

Abb. 2.4 Denken in Anteilen: einen Anteil von außen betrachten

2.4 Ich-Zustände

Die Transaktionsanalyse stellt ein hervorragendes Modell zur Verfügung, um bestimmte Verwobenheiten von Kognitionen, Emotionen, Volitionen und Aktion in Interaktionen zu beschreiben. Wir alle können uns – je nach Interaktionssituation – in unterschiedlichen „Ich-Zuständen" befinden. Mal sind wir im Eltern-Modus (im strengen oder fürsorglichen), mal im Kind-Modus (als freies, als angepasstes oder trotziges Kind), mal im Erwachsenen-Modus (auf Augenhöhe mit dem Gegenüber). Unsere Interaktionspartnerin ist ebenfalls in einem dieser Zustände, und je nachdem in welchem, wirkt sich das auf die Kommunikation so oder so aus (siehe Abb. 2.5).

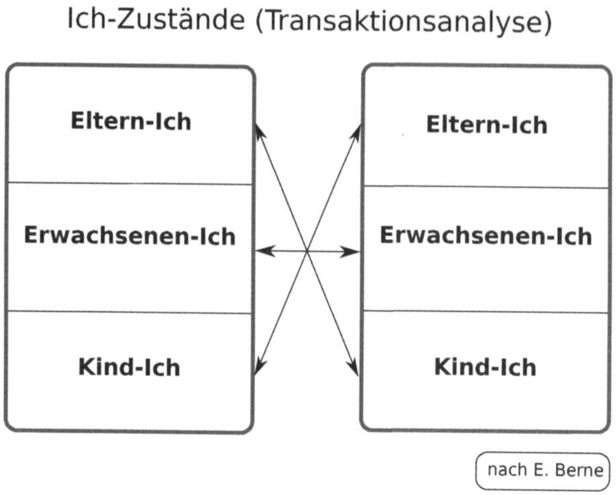

Ich-Zustände (Transaktionsanalyse)

Abb. 2.5 Ich Zustände in Interaktion

Agiert eine Person aus dem Eltern-Ich heraus und reagiert die Gesprächspart-nerin aus dem Zustand des Kind-Ich heraus (oder umgekehrt), läuft die Interaktion asymmetrisch ab. Spricht eine Person aus dem Erwachsenen-Ich und reagiert das Gegenüber ebenfalls aus dem Erwachsenen-Modus, ist die Kommunikation sym-metrisch.

Diese Art der Interaktion findet keineswegs nur in der Familie statt, sondern genauso in Unternehmen, in Partnerschaften, unter Freund_innen, zwischen Per-sonen, die sich zufällig irgendwo treffen. Gerade in Organisationen werden immer wieder Familienmuster re-inszeniert, dabei könnten auch Gespräche zwischen Führungskraft und Mitarbeiter_in durchaus symmetrisch auf der Erwachsenenebe-ne stattfinden. Meistens ist es das, was sich Menschen in Unternehmen wünschen, und es ist das, was vielen Menschen fehlt. Das Einbringen dieses Modells in einen Coachingprozess (Theorie als Intervention) hilft Coachees, ihre Interaktionen zu analysieren und ggf. zu variieren, egal in welcher Rolle sie sich befinden.

2.5   Strategiekomponenten

Aus dem Format der „Zielannäherungsaufstellung" von Insa Sparrer lassen sich Elemente benennen, die nahezu jeder Problemsituation eine (räumliche) Struktur geben: das Ziel, der Fokus (der Teil in mir, der sich das anschaut), Hindernisse, Ressourcen, der versteckte Gewinn, die zukünftige Aufgabe. Das Denkmodell ist u. a. deshalb so hilfreich, weil damit verdeckt gearbeitet werden kann und keines dieser Elemente beschrieben oder auch nur in Gänze erfasst zu werden braucht.

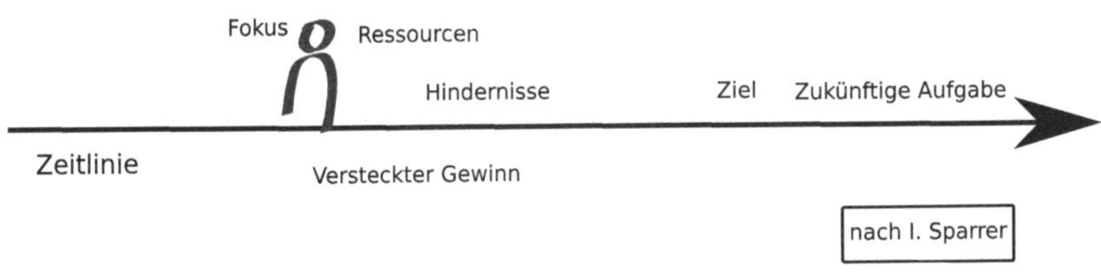

Abb. 2.6 Strategiekomponenten

Es reicht, die Elemente mithilfe von Personen (bei der Arbeit in Gruppen) oder als Symbole, Moderationskarten, Gummitieren oder anderes mehr auf einer Zeitlinie zu verteilen, um bereits eine erste Klärung zu gewinnen. Arbeitet man damit weiter, können gemäß der Fragestellung Lösungen erarbeitet werden. Ein Beispiel für eine Sortierung der Strategiekomponenten bietet Abb. 2.6.

2.6 Das negierte Tetralemma

Das Modell des negierten Tetralemmas (nach Nagarjuna, dem Begründer des Madhyamika-Buddhismus) ist von M. Varga von Kibed und I. Sparrer als Aufstellungsformat genutzt und beschrieben worden und entspricht in etwa dem um eine fünfte Position erweiterten „Diamond-Modell" (nach Rudolf Kaehr und Robert Stein-Holzheim), das im NLP gerne zur Arbeit mit Glaubenssätzen genutzt wird. Das negierte Tetralemma beinhaltet: Das Eine, das Andere, Keines, Beides – und eben die Fünfte Position. In der praktischen Arbeit wird der Glaubenssatz, den sich die Coachee ansehen möchte, formuliert (das Eine). Ein möglicher, für die Coachee bedeutsamer Gegen-Satz wird dem entgegengestellt (das Andere). Bisher bewegen wir uns meist noch in einer Linearität, die wir mit den nächsten Schritten verlassen: jetzt wird ein Satz formuliert, der zwar mit dem Thema zu tun hat, aber weder das Eine noch das Andere ist (Keins) und ein Satz, der sowohl das Eine wie das Andere umfasst (Beides) – siehe Abb. 2.7.

Wenn ein Glaubenssatz zum Beispiel lautet: „Ich schaffe das nicht!" (Das Eine) könnte ein mögliches Gegenteil lauten: „Ich schaffe das in jedem Fall" (das Andere). Eine Aussage, die keines von beidem beinhaltet, ist z. B.: „Wer nicht kämpft, hat schon verloren." Und eine, die beides umfasst könnte sein: „Irgendwann schaffe ich es doch." Die fünfte Position ist all dies nicht – und selbst das nicht. Sie ist gedanklich nicht zu erfassen, ermöglicht aber vorübergehend einen eher körperlich emotionalen Ausstieg aus den gewohnten Denkmustern (siehe unten). In der nächsten Phase wird gefragt, was es bewirkt oder bewirken würde, diese Sätze jeweils zu glauben – und zu allen vier formulierten Sätzen wird eine aus Sicht des Coachees jeweils günstige und eine ungünstige Auswirkung formuliert. Dem liegt die These

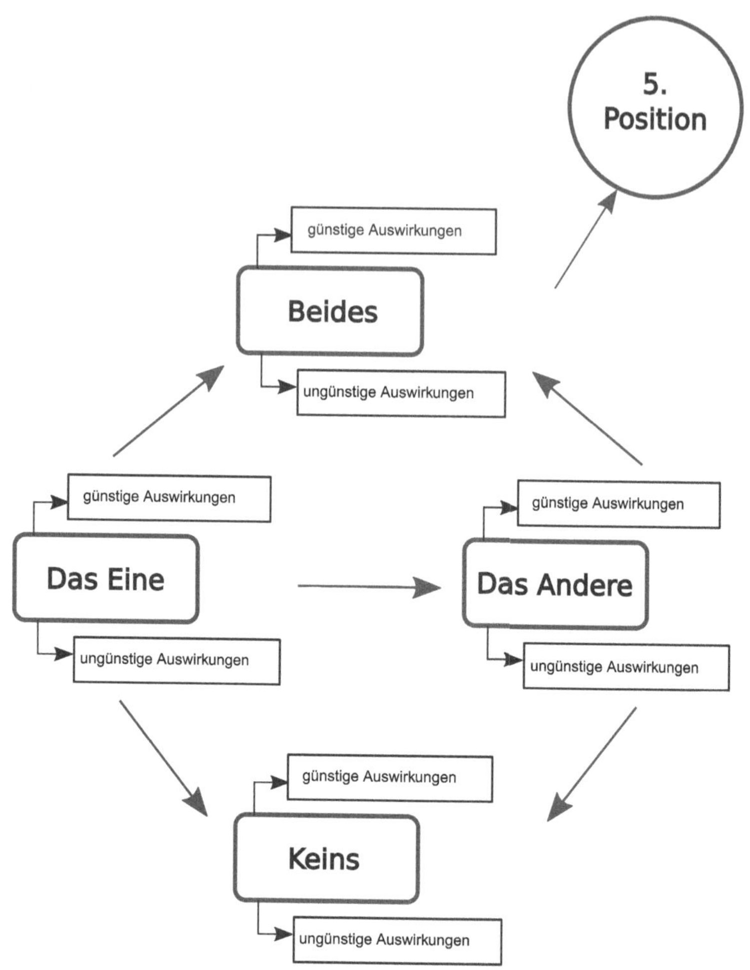

Abb. 2.7 Das negierte Tetralemma

zugrunde, dass jeder Glaubenssatz einen Nutzen hat oder gehabt hat für die Person, die ihn glaubt, und dass dieser Nutzen gesehen werden muss, um weiterzukommen. Nun legt die Coachee die vier Sätze auf Karten geschrieben am Boden aus und zusätzlich eine fünfte Karte, die die fünfte Position kennzeichnet. Diese Position ist ein „Nicht-Ort": es ist all dies nicht, was bisher beschrieben wurde, und selbst das nicht. Eine Stelle in einer weiteren Dimension, den man besuchen kann, von dem aus man schauen und fühlen kann, aber an dem man nicht verweilen kann.

Die oder die Coachee stellt sich zunächst auf die Karten 1–4 und spürt jeweils mit geschlossenen Augen, welche Reaktionen bei ihr entstehen: Gefühle, Körperwahrnehmungen, Gedanken, Bilder oder anderes mehr. Auf dem Weg von einer zur anderen Karte macht sie einen Bogen und reibt sich das Gesicht, um die bisherigen Eigenreaktionen in den Hintergrund treten zu lassen und am neuen Ort neu spüren zu können. Zum Schluss tritt sie auf die Karte der fünften Position, spürt hinein und betrachtet von dort aus das bisherige Setting, nimmt wieder die eigenen Reaktionen wahr, betritt wiederum die Welt der Karten 1–4 und wechselt von hier nach da. Oftmals entsteht in diesem Prozess die Idee für den Glaubenssatz, den sie fortan glauben möchte. Einer aus dem Setting oder ein neuer.

2.7 Neun-Felder-Denken

Die Idee des Neun-Felder-Modells von I. Sparrer ist, matrixartig zum einen zwischen Innen, Außen und der Grenze sowie zum anderen zwischen Vergangenheit, Gegenwart und Zukunft zu unterscheiden. Ein Ereignis kann also aus der Innenperspektive (der persönlichen oder der organisationalen) beschrieben werden oder aus der Außenperspektive. Es kann sich um ein Ereignis, ein Gefühl, einen Gedanken, um Werte, Strategien oder Zielen aus der Vergangenheit, der Gegenwart oder der Zukunft handeln. Auf der „Grenze", also der Felderspalte zwischen Innen und Außen, betrachten wir das Verhalten einer Person oder Organisation, das „von innen" motiviert und „von außen" beobachtbar ist (siehe Abb. 2.8)

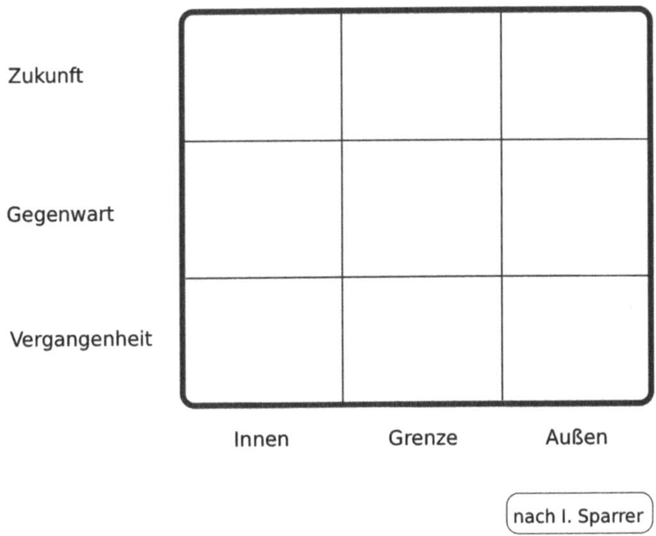

Abb. 2.8 Neun-Felder-Denken

„Eigentlich hatte ich geplant…" – strukturorientierte Verfahren situationsgerecht öffnen

3

Entscheidend für einen nachhaltigen Coachingprozess ist, den Prozess der Coachees behutsam zu fördern, zu begleiten und manchmal auch herauszufordern. In diesem Kapitel beschreibe ich Szenen aus Coachingausbildungsgruppen und Einzelcoachings. Methoden aus dem NLP oder auch die von Matthias Varga von Kibéd und Insa Sparrer entwickelten Strukturmodelle für ihre Systemischen Strukturaufstellungen eignen sich hervorragend dazu, einem Coachingprozess (oder einem Teil davon) eine Struktur zu geben. Es kann jedoch sein, dass der individuelle Prozess des Coachees davon abweichend eine andere Richtung einschlägt – der Bedeutsamkeit folgend. Solche Sequenzen werden hier beschrieben.

3.1 Positionsklärung

Dem folgenden Beispiel liegt eine Variante des Neun-Felder-Modells zugrunde, die die Felder „innen" und „außen" sowie die Zeitlinie (hier als Kontinuum dargestellt) berücksichtigt. Die Zeitlinie (zunächst als Linie auf dem Flipchart) kennzeichnet gleichzeitig den eigenen Bezug zum Thema, den Umgang damit und das Verhalten unter Berücksichtigung von innen und außen. Ich zeige im Folgenden, wie das Modell in der praktischen Arbeit genutzt und wie und warum davon abgewichen werden kann.

Paul unterstützt Marianne bei der Klärung der Frage, welche Position sie momentan in einer bestimmten beruflichen Situation beziehen möchte. Er bittet Marianne, in der Vergangenheit zu starten. Marianne nutzt diesen Impuls und erzählt aus unterschiedlichen Perspektiven, jeweils den Platz wechselnd, und arbeitet sich so zur Gegenwart vor. Dann stockt sie etwas, schaut nach vorne, weiß nicht weiter. Der Platzwechsel wird zäh, sie steckt fest. Paul stellt sich in den Raum der Zukunft und bittet Marianne, ein Bild von einer erstrebenswerten Zukunft entstehen

© Springer Fachmedien Wiesbaden 2016
M. Böhm, *Intuitiver Methodeneinsatz in Coaching-Prozessen,* essentials,
DOI 10.1007/978-3-658-12279-9_3

zu lassen. Zur Unterstützung hält er eine imaginäre Leinwand hoch. Mariannes Gesicht hellt sich auf, sie schaut konzentriert auf die Leinwand und beschreibt ein attraktives Zielbild.

Paul fragt nach Sinneseindrücken: „Was genau siehst Du? Farben? Gegenstände? Was hörst Du? Gibt es Gerüche? Was fühlst Du auf der Haut? Hast Du einen Geschmack auf der Zunge oder auf den Lippen?" Marianne beschreibt in allen Einzelheiten sich selbst mit einem entspannten, freudig gestimmten Gesichtsausdruck – das ist wichtig als Indikator für ein wirklich attraktives Zielbild. Dann der Ökocheck. Paul: „Könnte jemand etwas dagegen haben?" Marianne ist sich sicher: „Nein." Paul: „Wann spielt die Szene?" Marianne antwortet: „In einem Dreivierteljahr." „Willst Du dahin?", hakt Paul nach und Marianne versichert: „Ja!"

Paul bittet Marianne, ganz langsam auf das Zielbild zuzugehen, es immer fest im Blick. Marianne macht langsam den ersten Schritt, die weiteren gelingen mühelos. Dann steht sie drin. „Wie fühlt sich das an?", fragt Paul nach. „Wunderbar." Paul: „Schließ die Augen und genieße." Marianne lächelt entspannt – so wie sie sich vorher in ihrer Zukunft beschrieben hat. „Spürst Du es körperlich?", fragt Paul. Marianne antwortet: „Ja, im Brust- und Bauchbereich." „Leg Deine Hand dorthin und genieße es im ganzen Körper. Wie ist Deine Körperhaltung?" Marianne richtet sich noch ein wenig mehr auf. Das passt. Nach einer Weile öffnet sie die Augen und schaut Paul an.

„Du bist angekommen, dahin wo Du wolltest?" Marianne nickt. „Magst Du Dich mal umdrehen?" Langsam wendet sich Marianne um und schaut in den Raum ihrer Vergangenheit. „Vor einem Dreivierteljahr hast Du da drüben gestanden", erinnert Paul. „Da hast Du Dich gefragt, welche Position Du einnehmen möchtest zu Deinem Thema. Weißt Du noch?" Marianne lächelt verschmitzt: „Ja, schon." „Möchtest Du noch mal dahin?" Marianne zögert kurz, dann: „Ja, ich will es von dort aus sehen."

Sie geht auf der Zeitlinie rückwärts ein paar Schritte zurück bis zu dem Punkt, an dem sie vorhin ins Stocken geraten war. Sie hält den Blick fest auf ihr Zukunftsbild gerichtet und sagt: „Mir ist jetzt vollkommen klar, welche Position ich beziehen werde." Paul: „Magst Du Dich noch einmal umdrehen und schauen, was Du zurücklässt?" Marianne dreht sich um, hebt die Hand wie zum Gruß und sagt: „Gut so, wie es war. Danke für alle Möglichkeiten. Jetzt beginnt eine andere Zeit mit neuen Möglichkeiten. Adieu, Vergangenheit!" Sie wendet den Blick wieder Richtung Zukunft, strahlt und sagt zu Paul: „Danke, alles klar!"

Was hat Paul gemacht? Paul ist vom Modell „Zeitpunkte verknüpft mit innen und außen" abgewichen, als der Prozess zäh wurde und ins Stocken geriet. Er hat in Mariannes Gesicht den Blick in die Zukunft gesehen und in ihrem Körper ein

Hemmnis, die Gegenwart in Richtung Zukunft weiter zu entwickeln. Es schien, als gälte es einen Zeitsprung zu simulieren. Die Kategorien innen und außen schienen nicht länger hilfreich.

Paul unterstützte Marianne darin, mit allen Sinnen ihre Zukunft entstehen lassen, und als die klar war und sie sie leibhaftig vorwegnehmend erleben konnte, wusste sie, was sie in der Gegenwart wollte und was zu tun war.

3.2 Glaubenssatzarbeit

In folgendem Beispiel beginnt Christine, die Coach, die Glaubenssatzarbeit mit dem Negierten Tetralemma (siehe oben). Der Glaubenssatz, den Sigrid, die Coachee, auf Stimmigkeit hin testen möchte, heißt: Ich bin eine Amazone (mit dieser Metapher verbindet sie einen bestimmten Archetypus weiblichen Seins).

Sigrid schreibt den Satz auf eine Moderationskarte und legt die Karte auf den Boden. Bereits beim Stehen auf dieser Karte steigt Sigrid in einen ganz eigenen Prozess ein. Sie spürt starke Emotionen und drückt sie aus: „Ich will das so gerne, aber hier bin ich allein." Sie schaut aus dem Fenster in die Bäume hinein. Christine bittet sie, die zweite Karte zu betreten. Sigrid folgt ihr kurz, kehrt aber gleich darauf zurück auf die erste Karte und schaut in den Wald. „Das ist wirklich mein Ding – aber es ist einsam. Ich gehe jagen, aber alleine." Christine beobachtet sie genau, spürt mit, gönnt ihr Pausen, lässt sie weiterreden. Versucht noch einmal (vergeblich), Sigrid zu einem Standortwechsel zu bewegen. Alle weitere Arbeit mit der vorbereiteten Methode erscheint ihr jetzt eher hinderlich und störend.

Sie überlegt kurz, dann stellt sie sich in gewissem Abstand hinter Sigrid und sagt: „Sigrid, schau her, hier ist Dein Stamm." Überrascht dreht Sigrid sich um und sieht sie intensiv an. Christine fragt nach: „Was siehst Du?" Sigrid bestätigt: „Da ist ja tatsächlich mein Stamm!" Christine sagt leise, aber mit fester Stimme: „Wir brauchen Dich, wir versorgen Dich auch, wir lieben Dich." Sigrid schluckt, dreht sich kurz wieder um Richtung Bäume, dann wieder zu Christine: „Wahrhaftig! Mein Stamm!" Und nach einer Pause: „Ich bin ja gar nicht allein. Ich geh jagen, das kann ich – und dann kehr ich zurück zu meinem Stamm." Christine: „Was ist jetzt?" „Es ist super", freut sich Sigrid. „Ich bin eine Amazone – und ich bin nicht allein. Das stimmt für mich. Danke!"

Was hat Christine gemacht? Christine ist ihrer Intuition gefolgt und von ihrer geplanten Methode abgewichen. Sie hat mit dem eigenen Einsteigen in die Übung und einer starken inhaltlichen Intervention eine Hypothese über einen möglichen zielführenden neuen Glaubenssatz getestet, was sich als ausgesprochen hilfreich herausgestellt hat. Sie ist dem Prozess ihrer Coachee feinspürig gefolgt und hat ihn unterstützt. Sigrid konnte erleben, was es heißt, eine Amazone zu sein und dennoch in einer Gemeinschaft verankert und verbunden – das was sie sich so sehr wünschte. Ausgehend von einem mit Zweifeln durchsetzten starken Wunsch haben Christine und Sigrid auf der Ebene der Emotion und der Kognition – und der Verknüpfung zwischen beiden – gearbeitet und das Ganze für die volitative Ebene (siehe oben) klären können.

In einer anderen Ausbildungsgruppe durfte ich beobachten, wie ein Teilnehmer mit seinem Coach dieses Modell genutzt hat für die Strategieentwicklung zur Weiterentwicklung der Kultur in seinem Unternehmen: Er betrachtete zunächst Glaubenssätze einflussreicher Organisationsmitglieder sowie deren Auswirkungen. Dann entwickelte er in Kenntnis dessen seinen eigenen Glaubenssatz, seine Message, die er fortan gezielt kommunizieren würde in Kenntnis anderer Sichtweisen und ihrer möglichen Konsequenzen.

Das negierte Tetralemma ist ansonsten ausgesprochen nützlich für das Treffen fundierter Entscheidungen und sehr gut verwendbar für Strukturaufstellungen, Arbeit mit Stift und Wort, mit Farben, Formen, Haltung und Bewegung – je nach Bedarf und Möglichkeit.

3.3 Partizipation

Im Folgenden beschreibe ich, wie eine detaillierte Planung einer Tagung frühzeitig „über den Haufen" geworfen wurde und prozessorientiert an den eigentlichen Themen gearbeitet werden konnte.

Gemeinsam mit einem Vorbereitungsteam, das im Vorfeld auf eine detaillierte Planung bestanden hatte, startete ich als Moderatorin in eine Klausurtagung mit allen Mitarbeiter_innen des Unternehmens (22 Personen) zum Thema „Partizipation". Ziel war, diese erlebbar zu machen. Die ersten Schritte liefen wie geplant, nur zäher als gedacht. Mehr und mehr bekam ich den Eindruck, dass Partizipation sehr stark gelebt wird – jedoch auf eine Weise, die den Prozess vollständig zu blockieren drohte. Unmengen an Alternativideen und -vorschlägen wurden gemacht, wie die Tagung gestaltet werden könne, eine Führung durch die Moderatorin schien nicht akzeptiert zu werden.

Ich stand vor der Wahl, die diversen Vorschläge wie gewünscht ausdiskutieren und abstimmen zu lassen und überschlug kurz die Zeit, die das in dieser agilen Gruppe benötigt hätte. Niemand, so nahm ich an, wäre am Ende glücklich über dieses Verfahren, welches gerade jetzt so stark eingefordert wurde. So stellte ich stattdessen die Frage, die sich in mir aufdrängte: „Was ist hier eigentlich los?".

Plötzlich war es still in dem großen Raum. „Worum geht es hier eigentlich?" Es kam keine Wortmeldung mehr.

Ich bat die Gruppe, sich in Kleingruppen aufzuteilen und sich die nächste Stunde mit der Frage zu beschäftigen, worum es eigentlich in dieser Organisation in diesem Augenblick geht. Es ging ein Aufatmen durch den Raum, niemand stellte mehr meinen Vorschlag und meine Führung in Frage, alle zogen davon und arbeiteten intensiv an dem, worum es wirklich ging. Aus den Ergebnissen dieser Gruppenarbeit ergab sich das Programm der nächsten anderthalb Tage, das nichts mehr zu tun hatte mit dem, was vorher geplant war. Das Vorbereitungsteam integrierte sich komplett in die Gesamtgruppe und überließ mir die Moderation. Lange unausgesprochene Themen kamen auf den Tisch, Strittiges wurde ausgehandelt, Missverständnisse geklärt. Partizipation wurde auf eine ausgesprochen konstruktive Weise erlebbar.

Wie kam es dazu? Detailplanungen im Beratungskontext beruhen oftmals auf dem Wunsch nach Sicherheit. Tatsächlich erzeugen sie nicht selten Spiegelphänomene, da das „eigentliche Thema" seinen Platz behauptet, gerade dann, wenn es zuvor übersehen worden ist. Hier war übersehen worden, dass ein konflikthaftes Führungsthema zu klären war. Dieser Führungskonflikt spiegelte sich im Verhalten der Teilnehmer_innen zu mir als Tagungsleiterin. Mit der Aufforderung (und Erlaubnis) auf das Eigentliche zu schauen, entspannte sich schlagartig die Beziehung der Teilnehmer_innen zu mir.

Coachingbasierte Team- und Organisationsentwicklung heißt, persönliche Bedeutsamkeiten, persönliches Denken, Fühlen, Wollen und Handeln Einzelner zusammen zu bringen zu einem gemeinsamen Neuen. Gelingt das, bewirkt es komplexe Lern- und Entwicklungsprozesse im System.

Der Weg entsteht beim Gehen – offene Methoden intermedial verbinden

4

4.1 Strategiearbeit mit Seilen

Dieses Beispiel zeigt Resonanzphänomene, beschreibt phänomenologisch-hermeneutische Zugänge im feinspürigen Dialog, die Möglichkeiten des „informierten Leibes" im Umgang mit kreativen Medien im Raum und den Umgang mit Zeit. Der folgenden Beschreibung liegt neben der eigenen Beobachtung ein Protokoll der Coachee zugrunde, das diese im Anschluss stichwortartig erstellt hat und das auch ihre eigenen inneren Prozesse beschreibt, die ja sonst von außen nicht wahrnehmbar sind (hier ausschnittweise enthalten und kursiv gedruckt).

Katrin bittet Ursula, etwas mit den Seilen geschehen zu lassen, die vor ihr liegen. Dickere und dünnere, längere und kürzere in verschiedenen Farben. Thema des Coachings ist die zukünftige Ausrichtung ihres Unternehmens. Ursulas Ziel ist es, Klarheit zu gewinnen.

Zunächst bin ich ratlos. „Mit diesen Seilen etwas gestalten?" „Aus dem Bauch heraus", sagt Katrin. „Nicht gestalten, geschehen lassen." „Ach so."

Es arbeitet in mir. Ursula steht eine Weile ruhig da, nimmt dann die Seile und legt in einem Zug im Raum eine Skulptur. Sie nutzt alle Farben. Als sie fertig ist, geht sie um die Skulptur herum und betrachtet sie von allen Seiten. *Katrin lässt mir Zeit, was ich als ausgesprochen wohltuend empfinde.*

Katrin fragt: „Was siehst Du?" „Ein Durcheinander." Ursula geht noch ein paar Schritte und bleibt dann stehen. Ursula betrachtet das, was sie dort geschaffen hat. „Wo stehst Du?", will Katrin wissen. Ursula antwortet: „Im Wald. Im Dschungel." Und nach einer Pause: „Auf dem Weg".

Ich empfinde Katrins Art zu arbeiten Raum gebend und wertschätzend, freundlich und annehmend, als Möglichkeit, in Ruhe zu schauen, aus verschiedensten Perspektiven der Frage nachzugehen: Wie fühlt sich das an? In Ruhe zu formulieren, wo ich am Ende stehe, was mich bewegt. Ich erlebe mehr und mehr Klarheit über

© Springer Fachmedien Wiesbaden 2016
M. Böhm, *Intuitiver Methodeneinsatz in Coaching-Prozessen*, essentials,
DOI 10.1007/978-3-658-12279-9_4

das, was mich behindert und belastet, blockiert. Als Katrin fragt: „Was möchtest Du?", entsteht Klarheit über meine eigentliche Frage: Was will ich denn wirklich?

Ursula ist wieder unterwegs, an ihrer Skulptur entlang und stellt sich an verschiedene Stellen. *Ich spüre der Frage nach, was ich wirklich will und was es braucht. Katrin lässt mir Zeit bis ich klar spüre: Hier ist mir zu viel Chaos.*

„Leg es, wie Du es gerne hättest", bietet Katrin an. *Erleichtert spüre ich jetzt schnell und klar: etwas Überschaubares, Rundes. Das „Machen" – Hinlegen, wahrnehmen und in mich hineinspüren führt zu einem Bild, das sich gut anfühlt. Ja! Etwas Rundes und Überschaubares.* Ursula legt die Seile um.

„Bitte finde einen Titel für das, was jetzt liegt", fordert die Coach auf. *Ich finde diese Aufforderung gut, einfach, klärend.* Ursula antwortet schnell: „Bunte Vielfalt." *Wieder ein Erleichterungs-, Erkenntnisfortschritt, ein weiterer klärender und klarer Schritt, der Energie gibt. Die ruhige, abwartende, mich lassende, mir Zeit lassende „Art" der Begleitung – an mich „glaubend", mich bestärkend, führte dazu, das „es" plötzlich aus mir herauskam – ganz von „unten", aus der Tiefe meines Inneren: im Betrachten des Ganzen, im In-mich-Hineinspüren.*

Ursula benennt und beschreibt im Folgenden mit klaren Worten und ohne Zögern das Herzstück ihrer Arbeit, ihre Leidenschaft und das Ziel ihrer Arbeit. Sie sagt, was sie bewirken will und sie beschreibt, zu wem es sie hinzieht, auf welche Kund_innen sie sich künftig konzentrieren möchte. Später ergänzt sie: „Ich will ganz ICH sein, auch in der Arbeit. Mit mehr Menschlichkeit und mehr Freundlichkeit. Darin liegt die Kraft."

Das BILD, der Raum – um das, was mich bewegt, in Ruhe sagen zu können verbunden mit der Aufgabe, „Fäden" zu legen, sie von verschiedenen Seiten zu betrachten UND in mich hineinzuspüren, zu fühlen (körperlich – ganzheitlich) – das führte zu „Sprüngen" von überraschenden Erkenntnissen, zu überraschenden Wendungen – anders als der Verstand in seiner Wunschvorstellung oder die begrenzte Vorstellung vom Kopf her vorher „dachten". Das führte zu weitergehenden Schritten.

Katrin hat konsequent auf der kreativ-emotionalen Ebene gearbeitet. Die Coachee hat die Arbeit genutzt, um zu spüren. Klarheit im Kopf entstand über Klarheit im Spüren. Blockierendes wurde zwar empfunden, brauchte aber nicht weiter bearbeitet zu werden. – Einen Tag später bedankt sich Katrin schriftlich noch einmal bei Ursula für die gute Begleitung, die ihr „Zuversicht und Power" geschenkt habe.

Eine solche kreative Arbeit an Unternehmensstrategien ersetzt keine betriebswirtschaftliche Beratung. Aus beidem zusammen wird ein Schuh. Eine Strategie muss zur Unternehmerin, zum Unternehmer passen, zu ihren oder seinen Ressourcen und Möglichkeiten und zum Markt. Nicht alles, was sich stimmig anfühlt, führt auch zwangsläufig zu wirtschaftlichem Erfolg – schafft ihm aber oftmals gute Bedingungen.

4.2 Feedbackgespräche in Form und Farbe

Das folgende Beispiel stellt die Arbeit mit einem weiteren wahrnehmungs- und kreativitätsorientierten Verfahren vor. Darüber, dass etwas nonverbal „nach außen" gebracht wird und sich diesem Produkt neu angenähert wird, entsteht Erkenntnis und die Erweiterung von Handlungsmöglichkeiten.

Mein Coachee Rainer will wissen, wie er seinen Mitarbeiter_innen erfolgreich Feedback geben kann. Bis jetzt reagieren diese nämlich gar nicht oder sauer, wenn er ihnen „mal was sagt". Er erreicht nie, dass sie sich ändern, und das versteht er einfach nicht. Ich bitte ihn, sich einen Moment entspannt zurückzulehnen, die Augen zu schließen und sich an eines der Gespräche zu erinnern, das auf diese Weise abgelaufen ist. Ich rege ihn an, Farben, Töne, Temperaturen oder andere sinnliche Eindrücke in seine Vorstellung einzubeziehen. Das halte ich kurz, gerade lang genug, damit sein Körper ihm eine leibliche Erinnerung ermöglicht, mit der wir weiter arbeiten können. Die will ich aber nicht verfestigen.

Mit Ölkreiden malt er dann spontan Wesentliches aus dem, was er soeben erinnert hat. Er wählt eine Farbe für seinen Part, zwei andere für den seines Gegenübers und zwei weitere, die er später als die sich verändernde Atmosphäre während des Gespräches beschreibt. Er legt die Kreiden weg, steht auf und betrachtet sein Bild aus einer Entfernung von ca. einem Meter, mit dem Rücken an die Wand gelehnt. „Okay", sagt er. Er zeigt mit dem Finger auf eine Stelle in seinem Bild. „Das ist der Punkt, wo es kippt."

„Was passiert da?", frage ich. Er schaut mich an und überlegt. „Keine Ahnung." Ich bitte ihn, diesen Punkt in seinem Bild noch einmal genauer zu betrachten. Er schaut erst dorthin und mich dann fragend an. „Malen Sie eine Vergrößerung dieses Ausschnittes", fordere ich ihn auf. Ich schiebe ihm einen weiteren Papierbogen hin und er greift zu den Ölkreiden. Als er gerade loslegen will, sagt er plötzlich: „Ich weiß es, ganz klar! Das ist der Punkt, an dem ich die Nerven verliere. Ich gebe Feedback und mein Gegenüber versucht sich zu rechtfertigen. Das kann ich nicht ertragen, und dann beginnt eine Argumentation auf beiden Seiten, die sich aufschaukelt. Die Stimmung verschlechtert sich, und am Ende haben wir beide schlechte Laune und es ändert sich nichts."

Die Ausschnittvergrößerung sparen wir uns und arbeiten stattdessen an Alternativen zu seinem bisherigen Gesprächsverhalten. Ein bisschen Theorie zum Thema „Feedback geben" kommt hinzu und am Ende steht eine weitere Visualisierung – und zwar die eines wünschenswerten Feedbackgespräches, einer idealen Form – und im Anschluss ein weiteres kleines Bild mit dem, was daran wesentlich ist.

Die kreative Form der Gesprächsanalyse hat in kurzer Zeit auf der kognitiven und der emotionalen Ebene den Knackpunkt zu Tage gefördert. Im Gespräch haben wir Verhaltensalternativen entwickelt und am Ende das Ergebnis auf allen Ebenen kreativ zueinander geführt. Jetzt geht es für Rainer darum, im Alltag alternatives Verhalten zu erproben. Der Wille dafür ist da.

4.3   Situationsanalyse mit einem minimalisierten Aufstellungsformat

Im Folgenden zeige ich auf, wie das Einfühlen als Repräsentant in aufgestellte Abstrakta über sprachliche Weiterarbeit mit Körperempfindungen Klärung schafft. „Ich hinke auf zwei Beinen", erzählt mir mein Coachee. „Meine Aufmerksamkeit schwankt ständig zwischen meinem Business und der mich zeitlich sehr fordernden ehrenamtlichen Arbeit in einer gemeinnützigen Initiative, die ich selber gegründet habe." „Was ist dein Ziel?", frage ich nach. „Hm. Meine Bewegung ist ,Weg-von' – ich will diesen Zustand verlassen. Wohin weiß ich nicht."

„Wähle mal einen dieser farbigen kleinen runden Teppiche als Symbol für Deine Initiative", schlage ich meinem Coachee vor. Er greift zu dem giftgrünen. „Und jetzt einen für Dein Business!" Er nimmt den knallroten. „Zum Schluss einen für Deinen Fokus", fordere ich meinen Coachee auf. „Für den Teil in Dir, der sich das jetzt ansieht." Dieser Teil ist für ihn orange. „Jetzt schau nach und nach, wo die Teppiche im Raum zu liegen kommen. Nimm Dir Zeit." Er verteilt die Teppiche im Raum, es geht schneller als gedacht. Der grüne wird vom roten leicht überlappt, der orangene liegt mit etwas Abstand links vom Grünen und Roten.

Ich bitte ihn, sich auf die Teppiche zu stellen, intuitiv die Blickrichtung zu wählen und seinen Körper wahrzunehmen. Und nach jedem Teppichstehen eine Schleife zu drehen, um seine Körperempfindungen zu „neutralisieren". Er steht zuerst auf dem grünen Teppich: „Mir wird schlagartig kalt. Ich fühle mich dünn, blass und krank. Mein Blick geht am roten und am orangenen Teppich klar vorbei, ich nehme beide nicht wahr." Er wechselt den Platz. Auf dem roten Teppich ist ihm warm – „bis auf meine rechte Hand, die wegen der Überlappung über dem grünen Teppich hängt." Er schaut in die gleiche Richtung wie zuvor (nicht auf den gleichen Punkt, sondern genau parallel). Seine Empfindungen seien nicht unangenehm, aber er fühle sich leicht unruhig, beschreibt er. Auf dem orangenen Teppich schaut er zum roten hinüber. „Ich fühle mich vom grünen deutlich gestört – den hätte ich lieber woanders." Ich ziehe den grünen Teppich versuchsweise aus dem Bild. „Das ist aber nicht meine Lösung". Er nimmt ihn und lege ihn auf Abstand, so, dass er ihn noch sehen kann. „Mein Bezug ist der rote Teppich, mit Blick auf diesen fühle ich mich vital, aktiv und gut gelaunt."

Seine Erkenntnisse und Hypothesen nach dieser kurzen Aufstellungssequenz beschreibt er mir abschließend als die folgenden:

1. Mein erster Gedanke auf dem roten Teppich – ‚Mein Business überlagert die Initiative' – wandelt sich zu: ‚Die Initiative unterwandert mein Business.'
2. Die Initiative ist mir im derzeitigen Zustand zu nah und zu fordernd.
3. Dem klaren Bezug auf mein Business gebe ich jetzt mal den Vorzug.

Diese Erkenntnisse werden sich in den darauffolgenden Tagen und Wochen bestätigen, verfestigen und zu klaren Konsequenzen führen. Um Missverständnissen vorzubeugen: Er ist in der Aufstellung nicht einer Wahrheit begegnet, die unabhängig von ihm existiert. Er ist lediglich – leibhaftig – seiner eigenen Wahrheit auf die Spur gekommen und mit dieser neuen Brille weitergelaufen.

4.4   Kulturleitbildentwicklung als Basis für eine Personalstrategie

Hier zeige ich, wie eine individuelle kreative Arbeit mit Bildern, Entspannung und Imagination ein Team sachlich und emotional zusammenbringt und die strategische Arbeit fundiert.

Eine Filiale mit weitreichenden strategischen Kompetenzen möchte mit Blick auf mehrere bevorstehende Personalwechsel aus Altersgründen eine Personalstrategie entwickeln. Alle, die dort beschäftigt sind, sind an dieser Arbeit beteiligt. Wir starten mit einer Situationsanalyse mit Bildpostkarten: „Wenn ich an meinen Arbeitsplatz und an mein Unternehmen denke – was ist dann für mich jetzt gerade bedeutsam?" Jeder_r wählt eine oder mehrere Postkarten und teilt die eigenen Assoziationen mit. Persönliche Bedeutsamkeiten sind im Raum, werden benannt und gehört.

Wir schließen eine Imaginationsreise in Gegenwart und Zukunft an, die wir mit einer Entspannungsübung beginnen. Das Thema: Was tut uns jetzt hier in unserem Unternehmen gut? Was schätzen wir, was zeichnet uns aus? Was wollen wir auf jeden Fall mit in die Zukunft nehmen? Was ist das Wesentliche? Mit Worten auf Karten bringen wir das emotional und leiblich Ermittelte in die kognitive Weiterbearbeitung: Eine gemeinsame Beschreibung der gelebten und gewünschten Unternehmenskultur auf Basis eines gemeinsamen Erlebens entsteht und prägt den weiteren Verlauf der Erarbeitung der Personalstrategie. Es wird klar, worauf es ihnen – neben den vorhanden-sein-sollenden Kompetenzen – bei der Personalauswahl ankommt.

Verdeckt arbeiten

5.1 Sinn und Nutzen

Wer nicht weiß, worum es geht, kann nur sehr schwer Vorurteile und vorschnelle Lösungen entwickeln, so Matthias Varga von Kibéd über verdeckte Aufstellungsarbeit. Auch mit anderen Methoden lässt sich „verdeckt" arbeiten, also so, dass nur der Coachee inhaltlich weiß, worum es geht. Mit Steinen zum Beispiel oder anderen Symbolen. Und weil man sich das viele Reden spart, kann das mitunter sehr schnell gehen.

Vorteile verdeckten Arbeitens

- Man spart Zeit und Worte und ein Kreisen um immer dasselbe.
- Der_die Coachee kann im Kontakt mit sich selber bleiben, muss „sich nicht erklären". Die Konzentration wird nicht gestört.
- Der_die Coachee muss nicht sagen, worum es geht – wenn er_sie möchte, kann er_sie es aber.
- Der_die Coach gerät nicht in Versuchung, inhaltlich zu lenken.

Themen, die sich anbieten

- Entscheidungssituationen
- Zieleruierung, wenn Worte nicht vorhanden sind
- Wenn es darum geht, etwas zu verstehen, ein Gefühl zu etwas zu bekommen, sich mit etwas zu verbinden

© Springer Fachmedien Wiesbaden 2016

M. Böhm, *Intuitiver Methodeneinsatz in Coaching-Prozessen*, essentials,

DOI 10.1007/978-3-658-12279-9_5

Mit wem?

- Mit Menschen, die bereits ein Mindestmaß an Vertrauen zum Coach, ggf. die Gruppe, in sich selbst und in die Möglichkeiten der (kreativen) Coachingarbeit entwickelt haben.
- Menschen, deren Redebedürfnis nicht allzu hoch ist bzw. die die Vorteile anderer Mitteilungsformen schon erlebt haben oder die offen dafür sind
- Menschen mit heiklen Themen, die sie (in diesem Kontext) nicht offenlegen, aber bearbeiten möchten

Was ist hilfreich?

- Ein klarer Kontrakt
- Andocken und angedockt bleiben – in gutem „zwischenleiblichen" Kontakt, in feinspürigem Dialog über alle Sinne
- Klare Hintergrundstrukturmodelle

Welchen Medien bieten sich an? Alle Arten von Symbolen – Gegenstände, Gemaltes, Gefühltes, Imaginiertes, Farben, Geräusche, Töne, Geschmacksrichtungen usw.

Wann ist offenes Arbeiten vorzuziehen?

- Wenn der Coachee hohen Redebedarf hat und sich auf eine solche Arbeitsform gerade nicht einzulassen vermag
- Wenn zunächst keine Struktur im Thema zu erkennen ist
- Wenn das Ziel nicht klar ist
- Wenn der Coach keine methodisch klare Idee für verdecktes Arbeiten hat.

Immer bleibt es dem Coachee überlassen, ob und wie sehr er das, was in ihm vorgeht, für sich selbst, den Coach oder die Gruppe versprachlicht.

5.2   Ein verdecktes Coaching mit Seilen – Beispiel für ein offenes Format

Anhand der Anfangsfrage „Wie schaust Du heute auf Dein Thema?" beginnt die Coachee, im Raum Seile auszulegen. Sie konzentriert sich ausschließlich darauf, hin und wieder spricht sie, aber mehr zu sich selbst als zu mir. Sie ist in ihrem eigenen Prozess unterwegs, und je länger desto weniger weiß ich, worum es geht. Das scheint aber für den Prozess auch nicht wichtig zu sein. Gelegentlich unterstütze ich sie mit Fragen wie: „Was siehst Du nun?" oder „Was heißt das jetzt?", die sie sich selber beantwortet – und ihre Seilskulptur weiter entwickelt. Am Ende der Coachingstunde erzählt sie mir auf meine Frage hin von ihren Learnings und was sie nun zu tun gedenkt. Sie selbst hatte alle Dimensionen (denken, fühlen, wollen, handeln) in ihrer Arbeit integriert. Ich selbst war lediglich Begleitung im Hintergrund.

5.3 Fokussiertes Zehn-Minuten-Coaching – Beispiel für ein strukturbasiertes Format

Michael: „Was willst Du klären?" „Ich will Prioritäten setzen und die nächsten Schritte festlegen", beschreibt Lisa ihr Anliegen. Michael vergewissert sich: „Du weißt, was genau Du priorisieren willst?" „Ja, ich denke schon."

Michael schlägt vor: „Dann wähle bitte zunächst einen Stein für den Teil in Dir, der sich diese Frage stellt – Deinen Fokus – und dann Steine für jedes Deiner Dinge, die Du priorisieren willst. Dann such Dir für jeden Stein einen Dir geeignet erscheinenden Platz im Raum. Fang mit dem Stein an, der für Deinen Blickwinkel, Deinen Fokus steht." Lisa wählt sieben Steine und verteilt sie im Raum. Nach einer Weile fragt sie: „Darf ich noch mal korrigieren?" Michael: „Klar." Lisa verändert die Position von zwei Steinen. Dabei fällt ihr auf: „Oh, ich habe etwas Wichtiges vergessen." Sie wählt noch einen Stein und legt ihn zu einem der bereits positionierten Steine. Dann schaut sie prüfend auf das Gesamtbild und rückt noch einen der Steine leicht hin zu dem Stein, der für ihren Fokus steht.

„Stimmt das Bild?", fragt Michael. Lisa geht ein paar Schritte zur Seite und schaut sich das Ganze aus einer anderen Perspektive an. „Ja, stimmt so." Michael: „Bitte gehe nun zu dem Stein, der Dein Fokus ist und schau von dort." Lisa stellt sich dicht an ihren Fokusstein heran. Einige Steine hat sie im Blick, andere im Rücken. Lisa plötzlich: „Alles klar, ich weiß Bescheid." Michael schaut sie lächelnd-fragend an: „Magst Du was dazu sagen?" „Das was hinter mir ist, kann ich nicht sehen", antwortet Lisa. „Was ich nicht sehen kann, stärkt mir aber den Rücken und braucht grade keine Aufmerksamkeit. Was ich direkt vor mir sehe ist als erstes dran. Gleich morgen lege ich los. Herzlichen Dank!" Michael hat die Struktur und die Medien geliefert, Lisa die Inhalte. Michael musste die Inhalte nicht kennen, um Lisa auf dem Weg zu ihrer Lösung zu unterstützen.

Voraussetzungen auf Seiten von Coach und Coachee

6

Es gibt sowohl auf Seiten des Coach des auch auf Seiten des Coachee bestimmte Voraussetzungen, die einen Coachingprozess beeinflussen. Die Qualität der Beziehung, Zuversicht und die Annahme beider, dass Veränderung möglich ist bringt den Coachingprozess voran, genauso aber auch das Gelassenheit ermöglichende Wissen darum, dass das Gras nicht schneller wächst, wenn man daran zieht.

Dieses Kapitel benennt weitere günstige Voraussetzungen.

6.1 Wissen was man tut – die fachliche Basis auf Coachseite

Bei aller Feinspürigkeit, die für diese Art der Arbeit notwendig ist, braucht es ein solides handwerkliches Können und ein fundiertes theoretisches Verständnis. Die Coach muss jederzeit erklären können, was sie tut und warum. Sie sollte Kenntnisse über komplexes Lernen besitzen, über die Grundannahmen verschiedener Herkunftsstränge von Coaching im Bilde sein und Denkmodelle und Methoden auf die dahinterliegenden Theorien beziehen können. Sie sollte wissen, was sie bewirken kann mit ihren Interventionen – und was nicht. Sie sollte mit unerwarteten (Re-)Aktionen des Coachees umgehen können.

6.2 Auf der Spur zu mir selbst – Die Persönlichkeit des Coach als Intervention

Neben der fachlichen Basis ist für den Erfolg von Coaching die Persönlichkeit des Coaches entscheidend. Kunden wählen keine Handwerker, sondern Persönlichkeiten. Deshalb gehört Selbsterfahrung, ein Sich-Kennen-Lernen, ein kontinuierlich mit sich selbst in Kontakt sein unabdingbar zum Coachwerden und zum Coachsein

© Springer Fachmedien Wiesbaden 2016
M. Böhm, *Intuitiver Methodeneinsatz in Coaching-Prozessen,* essentials,
DOI 10.1007/978-3-658-12279-9_6

dazu. Lebenserfahrung und Berufserfahrung, Werte und Absichten, Grundberufe und Fertigkeiten, Haltung und Grundtalente ergeben den ganz persönlichen Coachingsstil und die je persönliche Affinität zu bestimmten Themen und Kund_innengruppen.

6.3 Beziehungen bewusst gestalten – der Coach in feinspürigem Dialog

Ohne eine tragfähige Beziehung kann sich ein Coachee nicht einlassen auf einen kreativen Coachingprozess. Sich gesehen fühlen und wertgeschätzt, gut begleitet, herausgefordert und gehalten von einer_einem sich-selbst-bewussten Coach sind wesentliche Elemente des Coachingerfolgs. Die_der Coach braucht ein Gespür für die jeweils aktuellen Bedürfnisse und Bedarfe des Coachee und ein reiches Spektrum an bewusst eingesetzten Mikrointerventionen. Dazu gehört die Modulation von Lautstärke in der Stimme, von Tonfall und Wortwahl, die blitzschnelle Entscheidung darüber, ob er_sie überhaupt etwas sagt, Körperhaltung und Mimik. Insbesondere in der Arbeit in Gruppen und Organisationen bedarf es ein sicheres Gespür für Grenzen und Möglichkeiten und den Schutz der einzelnen Personen.

Optimalerweise ist ein Coach ganz bei sich, ganz beim Coachee und gleichzeitig noch in der Metaposition, die die Beziehung zwischen beiden und die Wechsel- und Außenwirkungen betrachtet (im Coaching mit mehreren zusätzlich die Wechselwirkungen zwischen allen Beteiligten und ihre möglichen Auswirkungen auf das Gesamtsystem). Er weiß, was er tut und was er möglicherweise bewirkt. Er spürt die Resonanz des Coachee auf sich selbst und nutzt diese Resonanz professionell für den Coachingprozess.

6.4 Offenheit auf Seiten des Coachee

Um von Coaching mit kreativen Methoden zu profitieren, sollte ein Coachee Offenheit mitbringen und die Bereitschaft, sich einzulassen. Offenheit für ungewöhnliche Methoden, die Bereitschaft, sich selber mithilfe des eigenen Körpers und des eigenen inneren Wissens auf die Spur zu kommen und sich auf die eigene Wahrnehmung und den eigenen kreativen Ausdruck einzulassen. Von diesem Coachingansatz profitiert ein Coachee, wenn er Offenheit und Mut auch für Überraschungen mitbringt – für unerwartete Wendungen, Gefühle und ungewohnte Gedanken. Es hilft, sich gemeinsam mit dem Coach auf Prozesse einlassen zu können, deren Ergebnisse nicht vorhersehbar sind. Ganz besonders gilt das für Coachingprozesse in Teams und Organisationen. Hier lässt man sich nur auf den Coach und auf sich selber ein, sondern auch auf die anderen: auf Kolleg_innen, Mitarbeiter_innen, Chef_innen. Das braucht ein „gerüttelt Maß" an Vertrauen zu einander.

Offenheit und Mut ist auch gefragt bei den Entscheider_innen in Organisationen, die Coaching einkaufen. Mit Coaching lässt man sich nicht auf eine „Reparatur" ein von etwas, was nicht richtig funktioniert, sondern auf ergebnisoffene Prozesse. Für Menschen in Unternehmenskulturen, die auf linearem Denken aufbauen, kann das zunächst zu Irritationen führen.

6.5 Selbststeuerungsfähigkeit des Coachee

Da Coaching keine Therapie ersetzt, ist Selbststeuerungsfähigkeit auf Seiten der Coachee erfolgsentscheidend. Von Coaching profitiert, wer willens und in der Lage ist, bewusst zu handeln, Entscheidungen zu treffen und die Verantwortung für das eigene Leben zu übernehmen. Ein gutes Maß an Zuversicht, durch eigenes Aktivwerden etwas verändern zu können, erhöht die Wirkung kreativer Coachingprozesse.

6.6 Win-win-Orientierung

Coaching ist eine Angelegenheit auf Augenhöhe, zu der alle Beteiligten ihren Beitrag zu leisten haben. Wechselseitige Wertschätzung und Vertrauen in die Kompetenz des Gegenübers ist konstitutiv für gute Ergebnisse. Auch eine angemessene Bezahlung des Coaches ist Teil des Kontraktes.

Fazit
Fachliche Basis, Persönlichkeit und Beziehungskompetenz verbunden mit reflektierter Erfahrung lassen die Intuition wachsen und stärken den flexiblen Umgang mit den eigenen Hypothesen. Das alles ermöglicht den Mut auf Seiten des Coaches, sich selber einzulassen und sich neugierig und zuversichtlich gemeinsam mit der Coachee oder dem Kundensystem auf eine Reise ins Unbekannte zu begeben. Kreative Methoden ermöglichen den Umgang mit Komplexität und Unsicherheit, mit Vieldeutigkeit und Ungewissheit, weil sie die gesamten leiblichen Möglichkeiten einer Person wie von Personengruppen und Organisationen Raum und Zeit geben und in Bewegung bringen.

So nutzen Sie als Coach Ihre Intuition:

1. Nehmen Sie sich regelmäßig Zeit (z. B. morgens 30 min) für „Unbestimmtes". Gehen Sie z. B. spazieren, meditieren Sie, malen Sie, oder schreiben Sie mit der Hand über alles, was Ihnen durch den Sinn geht.
2. Gehen Sie dem nach, was Sie fühlen, auch wenn Sie es sich nicht erklären können.
3. Achten Sie in Ihrer Arbeit mit anderen darauf, gut mit ihnen in Kontakt zu sein. Nutzen Sie dafür alle Ihre Sinne, folgen Sie mehr Ihrem Spürsinn als Ihrem Ablaufplan.
4. Nutzen Sie die Resonanzen, die in Ihnen erzeugt werden, für den Prozess.
5. Riskieren Sie es Interventionen zu starten, deren nächste Schritte Sie noch nicht kennen. Vertrauen Sie in den Prozess, den Coachee und in sich selbst. Bleiben Sie in Kontakt mit Ihrem Gegenüber und mit sich selbst.
6. Schreiben Sie planlos über Arbeitssituationen, die Sie nicht verstanden haben, und nutzen Sie andere kreative Medien für die Analyse (malen, Aufstellungen, tanzen, Seile legen u. a. m.).
7. Coachen Sie in kollegialen Gruppen und holen Sie sich „Feed forward" (ein Feedback, dass auf die Zukunft gerichtet positiv formuliert ist).
8. Reden Sie mit Menschen, denen Sie vertrauen und von denen Sie sich verstanden fühlen über Ihre Fragen, Ungereimtheiten, Ideen, Konzepte. Im Gespräch entsteht Neues.
9. Experimentieren Sie und laden Sie andere ein, mit zu experimentieren.

© Springer Fachmedien Wiesbaden 2016

39

M. Böhm, *Intuitiver Methodeneinsatz in Coaching-Prozessen,* essentials,
DOI 10.1007/978-3-658-12279-9_7

10. Lassen Sie los, was zu viel Energie kostet und was sich nicht bewährt.
11. Verabschieden Sie sich von dem Gedanken, alles „richtig" machen zu müssen. Denken Sie in Alternativen. Regulieren Sie Ihre Erwartungen an sich selbst und die anderen.
12. Machen Sie sich klar, wofür Sie stehen und was Ihnen wirklich wichtig ist. Klären Sie immer wieder Ihre Werte und Absichten im Coaching.

Und dann viel Freude und Erfolg!

Erratum zu: Intuitiver Methodeneinsatz in Coaching-Prozessen

Grundlagen und Praxisbeispiele

Margot Böhm
978-3-658-12278-2

Erratum zu:
Kapitel 2 in: M. Böhm, *Intuitiver Methodeneinsatz in Coaching-Prozessen,* essentials,
DOI 10.1007/978-3-658-12279-9

Betreff: Im Kapitel 2 im Abschnitt 2.4 „Ich-Zustände" fehlte die Abb. 2.5. Der Untertitel dieser Abbildung war **„Ich Zustände in Interaktion"** und sie musste auf Seite 13 vor dem Absatz „Agiert eine Person aus dem Eltern-Ich heraus...." erscheinen. Auch der Verweis auf Seite 17 in der Zeile „motiviert und „von außen" beobachtbar ist (siehe Abb. 2.7)" musste verändert werden. Hier musste Abb. 2.8 verweist werden und nicht Abb. 2.7.

Die aktualisierte Originalversion dieses Kapitels kann hier abgerufen werden:
DOI 10.1007/978-3-658-12279-9_2

Margot Böhm
Solingen/Sylt
Deutschland
E-Mail: mb@coachingzentrum.de

© Springer Fachmedien Wiesbaden 2016
M. Böhm, *Intuitiver Methodeneinsatz in Coaching-Prozessen,* essentials,
DOI 10.1007/978-3-658-12279-9_8

Was Sie aus in diesem Essential mitnehmen können

- Für ein kreatives, intuitives Coaching mit hoher Wirksamkeit ist ein Kennen und Verstehen grundlegender Denkmodelle unumgänglich sowie ein feinspüriges Sich-Einlassen auf das Gegenüber, den Prozess, die Nichtplanbarkeit und die eigene Resonanz.
- Intuition speist sich aus Wissen, reflektierter Erfahrung (Coaching-, Lebens- und Selbsterfahrung) und einem hohen Maß an Aufmerksamkeit.
- Strukturorientierte Verfahren und eine Schritt-für-Schritt-Methodenanleitung können im Coaching eine Orientierung bieten – genauso gut können sie aber auch eine hohe Wirksamkeit verhindern, wenn ein Coach nur diese im Blick hat.
- Wesentlich im Coaching ist eine hohe Wahrnehmungsfähigkeit des Bedarfs der anderen Person, des Teams oder der Gruppe sowie die Kompetenz und der Mut, sich selbst vom eigenen Handeln und vom Gegenüber überraschen zu lassen.
- Wesentlich für die Entwicklung eines Coachs ist selbstkameradschaftliches Denken in Alternativen.

© Springer Fachmedien Wiesbaden 2016

M. Böhm, *Intuitiver Methodeneinsatz in Coaching-Prozessen*, essentials,

DOI 10.1007/978-3-658-12279-9

Literaturhinweise

Hausmann B, Neddermeyer R. Bewegt sein. Integrative Bewegungs- und Leibtherapie in der Praxis. Paderborn: Junfermann; 1996.

Hennig G, Pelz G. Transaktionsanalyse. Paderborn: Junfermann; 2007.

Hinte W. Non-direktive Pädagogik, Eine Einführung in Grundlagen und Praxis des selbstbestimmten Lernens, „Studienbücher zur Sozialwissenschaft". Bd. 41. Opladen: Westdeutscher Verlag; 1980.

Hüther G. Die Macht der inneren Bilder – Wie Visionen das Gehirn, den Menschen und die Welt verändern. 7. Aufl. Göttingen: Vandenhoeck & Ruprecht; 2011.

Kappert D. Archetypen, innere Bilder und Körpersymbolik. Essen: Verlag für ästhetische Bildung; 1997.

Land R, Schorn U, Wittmann G. Anna Halprin, Tanzprozesse gestalten. München: K. Kieser; 2009.

Meier D, Szabo P. Coaching – erfrischend einfach, Einführung ins lösungsorientierte Kurzzeitcoaching. Luzern: Solutionssurfers GmbH; 2008.

Orth I. Unbewusstes in der therapeutischen Arbeit mit künstlerischen Methoden, kreativen Medien – Überlegungen aus der Sicht der „Integrativer Therapie". In: Petzold HG, Herausgeber. POLYLOGE – Materialien aus der Europäischen Akademie für psychosoziale Gesundheit - Eine Internetzeitschrift für „Integrative Therapie". Ausgabe 02/2012 (Vortrag von 1994).

Petzold HG, Chudy M. „Komplexes Lernen" und Supervision – Integrative Perspektiven, Betrachtung des Lernbegriffs unter Einbezug lerntheoretischer Ansätze, Blick auf den aktuellen Forschungsstand und Essenz für die supervisorische Arbeit unter der Perspektive des Integrativen Ansatzes aus SUPERVISION: Theorie – Praxis – Forschung Ausgabe 03/2011.

Petzold HG, Sieper J. Komplexes Lernen, Polyloge. 2002. http://www.fpi-publikation.de/images/stories/downloads/polyloge/Sieper-Petzold-Lernen-10-2002.pdf.

Richter KF. Coaching als kreativer Prozess. 3. Aufl. Göttingen: Vandenhoeck & Ruprecht; 2012.

Schmidt G. Einführung in die hypnosystemische Therapie und Beratung. 5. Aufl. Heidelberg: Carl-Auer-Verlag; 2013.

Schmidt G, Simon F, Weber G. Aufstellungsarbeit revisited … nach Hellinger? 2. Aufl. Heidelberg: Carl Auer; 2013.

© Springer Fachmedien Wiesbaden 2016   43
M. Böhm, *Intuitiver Methodeneinsatz in Coaching-Prozessen,* essentials,
DOI 10.1007/978-3-658-12279-9

Schulz von Thun F. Miteinander reden, Bd. 3: Das „Innere Team" und situationsgerechte Kommunikation. Rowohlt; 2013.

Sparrer I, Varga von Kibéd M. Klare Sicht im Blindflug, Schriften zur Systemischen Strukturaufstellung. Heidelberg: Carl-Auer-Verlag; 2010.

Weber C. Interdependenzen zwischen Emotion, Motivation und Kognition in Selbstregulierten Lernprozessen: Befähigung zum lebenslangen Lernen durch Mehrdimensionalität der Lehr-Lernkonzeptionen. Hamburg: Diplomica; 2012.